HORÓSCOPO CABRA 2023

Angeline A. Rubi y Alina A. Rubi

Publicado Independientemente

Autora: Angeline A. Rubi y Alina A. Rubi

E-mail: rubiediciones29@gmail.com

Edición: Angeline A. Rubi

rubiediciones29@gmail.com

Introducción

El calendario chino es antiguo y complejo, y nunca ha sido simplificado. Muchas culturas sustituyeron el calendario Lunar por el calendario del Sol.

El calendario chino, islámico y hebreo, se rigen por las fases lunares. Es un sistema complicado ya que no solo se rigen por los ciclos lunares, sino que incluyen también el ciclo solar, el de Júpiter y Saturno.

Los chinos consideran que la energía universal está regida por el equilibrio. El concepto de Yin y Yang es el más importante dentro de ese equilibrio. Yin es opuesto a Yang y viceversa, pero juntos alcanzan el equilibrio total. Esta energía la podemos encontrar en todo lo que existe, lo tangible y lo intangible.

El simbol del Ying/Yang se divide en dos mitades, una es negra (Yin) y la otra blanca (Yang). Ambas partes están unidas en el medio por una elipse que las enlaza constituyendo una curva. Sus colores, negro y blanco significan que existe la dualidad, y que para que subsista una, innegablemente tiene que existir la otra. Dentro del Yin hay un círculo Yang, que simboliza que la oscuridad siempre requiere de la luz. Dentro del Yang encontramos un círculo Yin, indicándonos que dentro de la luz siempre encontraremos oscuridad.

La elipse que los une significa que todo fluye, se transforma y evoluciona. Si existe un desbalance de cualquiera de estas dos energías, Yin o Yang, nuestra vida no está equilibrada, ya que juntas se fortalecen. Nunca debemos pensar que una energía es superior a la otra, ambas deben concurrir equitativamente.

Desafortunadamente en nuestra sociedad existe una tendencia a favorecer la energía Yang, pensando que sus características son las más significativas. Al hacer esto creamos una división entre el plano espiritual y material, pues al reducir el valor de la energía Yin somo menos reflexivos pensando que la susceptibilidad es algo negativo, pues implica fragilidad.

Lo mismo sucede con la oscuridad, no solo la evitamos, sino que tenemos miedo de ella. Ambas energías son importantes. Solo podemos ser seres espirituales cuando hay un equilibrio entre el Yin y Yang porque no solo eres luz, sino también oscuridad. Es un error valorar y privilegiar lo fuerte, o la acción. Debemos apreciar y valorar lo femenino, y la sensibilidad, ya que solo de esa forma podremos alcanzar el verdadero equilibrio de nuestro ser, desde una posición de amor y firmeza.

En los signos del zodiaco chino están presentes la energía Yin y Yang, y ellas son las que estipularán las características de cada animal, y los elementos asociados a estos.

La energía Yin se vincula a lo oscuro, frío, femenino, la abstracción, lo profundo y la Luna. Los signos Yin son pensativos, sensitivos, y curiosos. Ellos son el Buey, el Conejo, la Serpiente, Cabra, el Gallo y Cerdo.

La energía Yang está relacionada a la luz, lo caliente, la superficialidad, el Sol y el pensamiento lógico. Son signos impulsivos, y materialistas. Ellos son: la Rata, el Tigre, Dragón, Caballo, Mono y Perro.

Las energías Yin y Yang se relacionan con los elementos, que a la vez estarán derivándose de los años en que estos sucedan. Cada elemento posee energía Yin y Yang.

- *Los años que terminan en el número **0** su elemento es el Metal, y están relacionados a la energía Yang.*
- *Los años que terminan en el número**1** su elemento es el Metal, y están relacionados a la energía Yin.*
- *Los años que terminan en el número **2** su elemento es el Agua, y están relacionados a la energía Yang.*
- *Los años que terminan en el número **3** su elemento es el Agua, y están relacionados a la energía Yin.*
- *Los años que terminan en el número **4** su elemento es la Madera, y están relacionados a la energía Yang.*
- *Los años que terminan en el número **5** su elemento es la Madera, y están relacionados a la energía Yin.*
- *Los años que terminan en el número **6** su elemento es el Fuego, y están relacionados a la energía Yang.*
- *Los años que terminan en el número 7 su elemento es el Fuego, y están relacionados a la energía Yin.*

- *Los años que terminan en el número 8 su elemento es la Tierra. y están relacionados a la energía Yang.*
- *Los años que terminan en el número* ***9*** *su elemento es la Tierra. y están relacionados a la energía Yin.*

Origen del Horóscopo Chino

El horóscopo chino es una tradición de más de 5000 años, y está basado en los años lunares.

La leyenda cuenta que Buda llamó a todos los animales, no obstante, sólo doce asistieron a su convocatoria en el siguiente orden: la rata, el Buey, el tigre, el conejo, el dragón, la serpiente, el caballo, la cabra, el mono, el gallo, el perro y el cerdo.

Cada animal recibió como regalo un año, formándose el ciclo de doce años que utiliza la astrología china. Por ende, cada signo tiene un nombre de un animal, y a cada animal le corresponde un año.

A cada animal también se le asignó uno de los cinco elementos que se corresponden con las energías planetarias:

- *agua (Mercurio)*
- *metal (Venus)*
- *fuego (Marte)*
- *madera (Júpiter)*
- *tierra (Saturno)*

El Horóscopo chino expresa la analogía de las energías cósmicas con cada individuo. Por esa razón la energía de cada persona está representada por uno de los doce animales que forman este sistema zodiacal.

Cada animal y la energía que te corresponde está determinada por tu fecha de nacimiento. Estas energías definen tus comportamientos, y como percibes el mundo. Para los chinos estos signos simbolizan las particularidades más notables de nuestro carácter. Para entender adecuadamente el significado de los animales tenemos que verlos como símbolos espirituales.

El Horóscopo Chino no está basado en el ciclo solar, sobre el que se fundamenta el horóscopo occidental. Está basado en los ciclos de la Luna. Cada año lunar tiene doce lunas nuevas y cada doce años una decimotercera, por tanto, un año nuevo nunca coincide con la fecha del año anterior.

Los doce animales del horóscopo chino influencian en la vida, suerte y voluntad de todos los seres humanos. Estas cualidades no se manifiestan abiertamente en la vida diaria, pero siempre están presentes, actuando en forma de fuerzas ocultas.

El período chino de doce años está vinculado con el tránsito del planeta Júpiter, y cada año lunar chino en la astrología occidental se corresponde casi al tiempo de duración del tránsito de Júpiter por un signo zodiacal. Júpiter se halla siempre en el signo de la astrología occidental que tradicionalmente se corresponde con el animal del horóscopo chino.

Tu Ascendente según el Horóscopo Chino.

Juntamente con tu signo del horóscopo chino, también tienes un ascendente determinado por tu hora de nacimiento. Este animal tendrá una influencia fuerte en la imagen que proyectas hacia los demás, y en los acontecimientos de tu vida. Debes leer también el horóscopo para el animal que representa tu ascendente.

Este signo del ascendente simboliza la energía que puedes llegar a desarrollar, y las características, que, esforzándote, puedes adquirir. Esa es la razón por la cual en ocasiones tenemos diferentes atributos a los relacionados a nuestro signo.

En el horóscopo chino es muy sencillo determinar tu ascendente, el único dato que necesitas es tu hora de nacimiento.

Hora de nacimiento	***Animal ascendente***
11.00 p. m. a 12.59 a. m.	*Rata*
1.00 a. m. a 2.59 a. m.	*Buey*
3.00 a. m. a 4.59 a. m.	*Tigre*
5.00 a. m. a 6.59 a. m.	*Conejo*
7.00 a. m. a 8.59 a. m.	*Dragón*
9.00 a. m. a 10.59 a. m.	*Serpiente*
11.00 a. m. a 12.59 p. m.	*Caballo*
1.00 p. m. a 2.59 p. m.	*Cabra*
3.00 p. m. a 4.59 p. m.	*Mono*
5.00 p. m. a 6.59 p. m.	*Gallo*
7.00 p. m. a 8.59 p. m.	*Perro*
9.00 p. m. a 10. 59 p. m.	*Cerdo*

Combinaciones de los Signos.

Ascendentes de la Cabra

Cabra ascendente rata

Nacieron de 11pm a 1 am. Son muy pícaros y les gusta tomar ventajas de los demás. Tienen un poder de seducción increíble que les permite llegar a donde se proponen.

Cabra ascendente buey

Nacieron de 1 am a 3 am. Son muy responsables y planificados. Son creativos y siempre tienen ideas que les permiten cumplir sus metas.

Cabra ascendente tigre

Nacieron de 3 am a 5 am. Son muy exagerados a la hora de comunicarse. Son triunfadores en sus vidas y tienen suerte en el amor.

Cabra ascendente conejo

Nacieron de 5 am a 7 am. Son vagos, se acogen a la ley del menor esfuerzo. No les gusta comprometerse sentimentalmente. Todo lo que requiera compromiso ellos lo repelen.

Cabra ascendente dragón

Nacieron de 7 am a 9 am. Tienen un coraje y una fuerza de otro mundo. Son las personas que se envuelven en proyectos que otros signos no hacen por miedo a fallar.

Cabra ascendente serpiente

Nacieron de 9 am a 11 am. Son cautelosos pero valientes. Todo lo planifican. Nunca se pasan de sus límites.

Cabra ascendente caballo

Nacieron de las 11 am a 1 pm. Son hábiles, soñadores y apasionados. Tienen mucha suerte en el amor, pero poca suerte para el dinero.

Cabra ascendente cabra

Nacieron de 1 pm a 3 pm. Son una catástrofe, dudosos e inseguros. Se demoran en actuar porque piensan demasiado. En ocasiones son traicioneros.

Cabra ascendente mono

Nacieron de 3 pm a 5 pm. Son divertidos, entusiastas y amables. Son el alma de la noche, y tienen mucho talento para conquistar.

Cabra ascendente gallo

Nacieron de 5 pm a 7 pm. Son inteligentes y sagaces. Algunas veces son inseguros y necesitan consultar todo con los demás antes de actuar.

Cabra ascendentes del perro

Nacieron de 7 pm a 9 pm. Son educados y equilibrados, pero muy codependientes de las personas que aman. Ellos necesitan una constante protección.

Cabra ascendentes del cerdo

Nacieron de 9 pm a 11 pm. Son muy desconfiados, se inclinan a la tristeza. Son muy obstinados.

Elemento Chino del Año 2023, el Agua

Este año le rinde tributo al agua, es decir el Yin será el elemento del año. El mismo simboliza la compasión, tranquilidad, el discernimiento y la simplicidad. El agua representa el despertar intuitivo, es una llamada a depurar nuestra conciencia. Este año se abre un portal a la meditación para que podamos encontrar la paz interior. Es una señal para abrir nuestra mente y el corazón, y será la única forma que podremos recibir lo nuevo.

La creatividad es una de las principales cualidades que caracterizan a este elemento, también la adaptabilidad. Sin agua no es posible la existencia de ningún organismo en el planeta tierra, el agua es pura y cristalina, características que reúnen los que poseen este elemento.

El elemento agua en la astrología china representa la sabiduría, y la habilidad de adaptarse a cualquier situación. El agua, por naturaleza, drena y humedece. Cala todas las fisuras, adquiere cualquier forma, es el mejor diluente y arrasa todo en su camino, destruyendo incluso las piedras.

Las personas que pertenecen a los signos del elemento agua pueden usar moderadamente las aptitudes de los demás y apartar fácilmente todos los obstáculos de su camino. No obstante, sus propósitos pueden verse dañados por su escasez de fortaleza. Los que pertenecen a este elemento son impetuosos, van al extremo de las cosas, pero también son proclives al análisis y se acomodan bien a cualquier circunstancia. Son afables, tolerantes y tienen mucha intuición lo que les permite predecir posibles sucesos.

Significado de los Elementos en el Horóscopo Chino

Metal

Las personas que nacieron en los años que terminan en 0 o 1 en el horóscopo chino están categorizadas dentro del elemento metal. El metal, materia de la que están confeccionados los escudos y las espadas, es el elemento que simboliza la firmeza, y la honestidad, pero también la severidad.

El Metal es el elemento del otoño, estación de la recolección y abundancia. Es dual como las funciones de su elemento, ya que en forma de espada liquida, y de cuchara alimenta. El Metal procede de la tierra, es dominado por el Fuego y transfigura la madera.

La personalidad de estos individuos que pertenecen al elemento metal tiene una tendencia a ser fuertemente ambivalente. Ellos se desenvuelven mejor cuando están solos ya que así no tienen que rendirle cuentas a nadie.

Son decididos, forjadores de su destino, tercos, profesionales e indiferentes a cualquier intento de compromiso. Su libertad es lo primordial, y es inútil intentar presionarlos, y mucho menos ayudarlos, porque no escuchan a nadie y no aceptan intrusiones e impedimentos. Eligen contar sólo consigo mismo, y no se dejan impresionar por nadie, ya que son poderosos y están capacitados para ejecutar grandes trabajos.

Para ellos no existen dificultades que los detengan, y aunque una situación se torne insostenible ellos resisten hasta el final. Son ambiciosos y calculadores, aman el dinero, poder y éxito, y no escatiman en los medios para alcanzar sus propósitos, aunque eso signifique romper relaciones.

Están diseñados para las carreras que les faculten expresar su elemento: joyeros, financieros, seguros de cualquier tipo, cerrajeros, mineros, cirujanos, y para cualquier contexto que les permita distinguirse de los demás. También pueden obtener éxito en profesiones conectadas con la madera o el papel. Le resultarán beneficiosas las relacionadas con el agua, las que tienen relación con la tierra pueden causarles conflictos y deben alejarse de aquellas que se relacionan con el elemento fuego.

No les interesan los sentimientos, y no se conmueven por las dificultades de los demás, hasta el punto de llegar a manipularlos si con eso pueden obtener alguna ventaja. Los que sufren las consecuencias son específicamente las personas del elemento madera, ya que los manipula y somete con agresiones frontalmente. Sin embargo, las personas del elemento agua, como son receptivas reciben un empujón efectivo que les beneficia enormemente. Los únicos que realmente pueden doblegarlos son los individuos que pertenecen al elemento Fuego, ya que dominan su insensibilidad y su severidad con una contagiosa emoción.

Físicamente puedes reconocer a una persona del elemento metal por su mirada tristona y el color anémico de su cara. Es frágil, propenso al estrés, y puede verse afectado por los cambios de temperaturas, y de una nutrición escasa. Esa es la razón por la que deben estimular su apetito, enfatizando los comidas que tengan picantes.

La estación más favorable para ellos es el Otoño, y durante la misma puede desarrollar al máximo sus potencialidades, aunque eso no significa que deba excederse, o ser testarudo. Debe usar ropas blancas, y utilizar como amuleto metales, y cuarzos blancos.

El Metal es rígido y tajante, no le teme al peligro. Es un tipo de persona independiente, que, animada por la codicia, procede con perseverancia, se concentra en el éxito, planifica por adelantado, y detesta lo espontáneo.

Una vez que adopta un camino no lo cambia. A pesar de su insensibilidad externa las personas de este elemento irradian un magnetismo que lo perciben todos con quienes se conectan. No obstante, para beneficiarse de sus habilidades, deben aprender a ser menos dogmáticos ya que esto interfiere en sus relaciones.

Las personas nacidas bajo el elemento metal deben educarse, para que puedan expresar sus emociones. Si no lo hacen sentirán que disminuyen sus energías.

Tierra

Las personas que nacieron en los años que terminan en los números 8 o 9 pertenecen al elemento tierra. A este elemento le corresponden las características de la firmeza, persistencia y fecundidad. Aunque en la astrología china, la Tierra no tiene una estación propia, se relaciona en el calendario con las últimas dos o tres semanas de las otras estaciones.

La Tierra es el elemento que representa la estabilidad, y lo tangible, pero si existe un exceso transforma a las personas en cautelosas, recelosas y testarudas, restringiendo sus iniciativas y fantasías.

La persona del elemento tierra es paciente y humilde, siempre trabaja con constancia, sin otorgarse un instante de regocijo o desorden. No se cansa nunca, y puede ser tan afanoso y materialista, como ingenuo y prudente. Su característica más incuestionable es su desánimo acentuado. Es demasiado serio, le encanta planificar y dirigir, se siente horrorizado por las casualidades, y, aunque es inteligente y tiene una memoria excepcional, le molesta mostrarse resplandeciente.

Infatigablemente reflexivo, ambicioso y angustiado, se expone de esta forma a recargar el bazo, un órgano relacionado con este elemento, y que se debilita cuando la persona tiene una mentalidad aguda.

La persona que pertenece a este elemento cimienta las relaciones personales paulatinamente, pero perdura por mucho tiempo. Es muy devoto y defensor en el amor, siempre listo a contraer y cumplir sus responsabilidades, y aunque no es demostrativo en sus emociones es un hombro con el que siempre se puede contar porque estará a tu lado en los momentos que lo necesites.

En su trabajo son serios y de carácter retraído, pero también organizados, y de confiar. Son las personas indicadas para llevar los negocios con una moralidad, austeridad y honradez a prueba de fuego. Su raciocinio los hace ser insuperables intermediarios en los problemas, contribuyendo con sus propias salidas prácticas y oportunas. Es competente para profesiones que requieran destreza, pero que no involucren tomar iniciativas, o situaciones de liderazgo.

Aunque no es una persona fácil de soportar, por lo caprichosa y nostálgica que es, y por su incompetencia de ser alegre, se conecta bien con el elemento metal, al que inculca estabilidad, y con el agua, al que logra contener y gobernar diestramente.

Usualmente tiene conflictos con el elemento madera, ya que, aunque la protege en ocasiones también la sofoca, y con el Fuego, que lo impulsa tanto como lo debilita.

El elemento tierra, se relaciona con el planeta Saturno. Debe ser muy cuidadoso con él consumo de dulces, algo que le encanta, ya que es afín con su elemento. Deben escoger siempre el dulce natural, y limitar el uso de azúcar blanca ya que esto destruye el calcio de su sistema óseo. Su otro punto débil es el sistema digestivo, que suele castigarle fuertemente, por esa razón debe conservar una dieta liviana y de cómoda digestión. Es recomendable que busque el contacto directo con la madre Tierra, caminando descalzos por la arena o en el campo.

Su color de la suerte es el amarillo, y sus cuarzos el topacio, y la citrina.

La Tierra representa la riqueza, sensatez, el materialismo, y la seguridad. Estas personas suelen ser introspectivas lo que les hace tener una gran capacidad de raciocinio. La Tierra es el recipiente de la vida y esto sella de forma imborrable a los nacidos bajo el influjo de este elemento, ya que son personas estables en quién puedes delegar.

La tierra se alimenta del fuego, generando una gran energía que calienta y funde al metal, puede llegar a someter al agua, y ser consumida por la madera.

Para sentirse bien, la persona del elemento tierra necesita seguridad material, aunque hay que destacar que es hacendoso, formal y organizado. Se le puede recriminar por ser pretensioso, pero por sus méritos ellos avanzan hacia sus metas lentamente, obteniendo resultados estables.

Fuego

Las personas que nacieron en los años que terminan en 6 o 7 se corresponden con el elemento fuego. A este elemento le pertenecen la pasión, la valentía y el liderazgo. El elemento fuego es el elemento de la estación del verano, donde todo fructifica y llega a su consumación. Está relacionado al planeta Marte, beneficioso, pero en ocasiones impulsivo. Es desmedidamente estéril y simboliza a la persona que sobresale, pero también que maltrata de los demás. Combativo, vanidoso, e irritable, la persona de este elemento pasa del enojo al júbilo desenfrenadamente.

Desde niño tiene una personalidad de líder, la ambición está presente en su vida, le gustan los peligros, la risa, el entusiasmo y el conflicto. Las dificultades en vez de amilanarlo lo incitan a proceder, y en estos casos sufren una metamorfosis violenta.

Estas personas nacieron para vencer, pero no saben admitirlo, porque no alcanzan a observarse y explotar sus energías. Geniales en el área militar, el deporte, y como jefes, ya que los demás perecen ante su carisma. Saben cómo utilizar las energías del elemento madera, utilizando su genialidad a su servicio, e induce en las personas del elemento tierra el coraje vital para seguir avanzando. Las personas del elemento agua tienden a extinguir su pasión, y las del metal los colocan a prueba con una rigidez que drena su campo energético.

El órgano más fácilmente dañado en estas personas es el corazón, existe la posibilidad de que sufran taquicardias. Además, pueden sufrir de los oídos, y el intestino. Deben usar ropas de colores vivos, entre los que prevalezca el rojo, y también usar como amuletos los cuarzos como granates y hematitas. También debe utilizar incienso y velas.

Desprendidas, apasionadas y oportunistas estas personas tan carismáticas, se comunican bien y se centran en la acción. Su egoísmo y deseos de triunfar son incalculables y sólo confían en su propios puntos de vistas. Tienden a descuidar los detalles ya que a veces son testarudas y se embarcan en metas que requieren trabajos intensos.

Las personas nacidas bajo la influencia del elemento fuego son positivas, siempre dan lo mejor y se implican en todo lo que hacen con amor y con voluntad. Sus energías sirven para sustentar a quienes están en su entorno y carecen de ella.

El fuego calienta el hogar, nos permite preparar los alimentos. Este elemento nutre la tierra a través de las cenizas, se alimenta de leña seca, es decir la madera, su calor domina el metal, es decir, lo hace flexible, y solo puede ser dominado por el agua.

Un líder siempre tiene abundancia del elemento fuego y siempre se inclina a tomar decisiones rápidas. Le atraen las ideas poco convencionales, no le teme al peligro, y siempre está en movimiento. Es importante que aprenda a tener inteligencia emocional, porque la arrogancia puede fortalecer su egoísmo y hacer que sea incontrolable, específicamente cuando tropieza con obstáculos. Este estilo autodestructivo es principalmente sobresaliente en la juventud.

El éxito acompaña a las personas del elemento fuego, pero ellos deben tener mucha cautela con la inestabilidad y la inquietud, que son las insuficiencias más usuales de los nacidos bajo el fuego. Es mejor dominar estos defectos, para no ser esclavizados por ellos. Deben buscar un lugar tranquilo donde puedan estar en paz, y la meditación también les aportará equilibrio.

Las personas del elemento fuego son tenaces, y lucrativas.

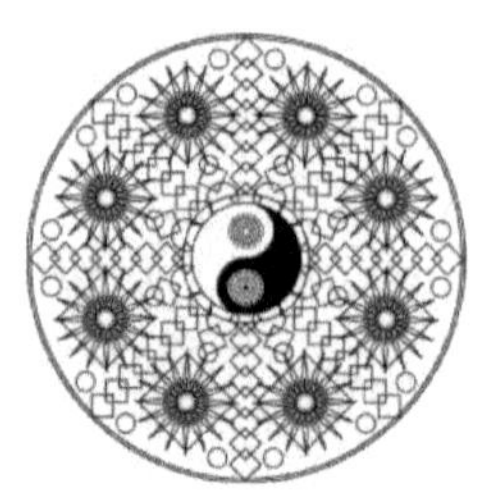

Madera

Las personas que nacieron en los años que terminan en los números 4 o 5 pertenecen al elemento madera. La madera es el elemento que simboliza la armonía, belleza, y creatividad. Tienen un grado de confianza en sí mismas muy alto, y una voluntad de hierro, lo cual las convierte en las personas apropiadas a la hora de luchar por una causa justa.

La madera se relaciona con el planeta Júpiter, es el más beneficioso de los elementos, símbolo de permanencia y conocimientos. Adaptable, se dobla cómodamente, y tiene múltiples usos, caracterizando a las personas comunicativas, dadivosas y honestas.

Las personas del elemento madera, son creativas, y vitales, pero algunas veces son dispersas e incapaces de encontrar su camino y cumplir sus propósitos. Confían en los demás hasta la inocencia, y les gusta codearse con todo el mundo, descubrir siempre cosas nuevas para divulgar y satisfacerse. Le atraen la naturaleza, y los niños, y le da prioridad a la familia.

Ocasionalmente tiende a tener expectativas imposibles, y tienen la costumbre de menospreciar su cuerpo, se excede con las comidas y se deja envolver por la pasión y la sensualidad. Acostumbran a elegir parejas del elemento agua, de quienes absorben audacia y apoyo, y de los de fuego, a los que benefician suministrándoles sus ideas brillantes.
No se lleva muy bien con el elemento metal, que lo arruinan sin clemencia.

El elemento Madera se reconoce por el color verdoso. Estas personas deben cuidarse los ojos.

Con la madera se construyen refugios, por eso nos protege. La madera coincide con la creatividad del agua, y gracias a esa cualidad entienden y ayudan a los demás.

Los nacidos bajo el elemento madera tienen conflictos internos para someterse a las reglas y tradiciones donde el criterio severo está constantemente vigente. Este elemento nutre el agua y, a la vez, es combustible para el fuego. Su energía la aspira la tierra, y es subyugada por el metal.

La personas del elemento madera siempre obtienen grandes triunfos, y tienen una estructura codiciada. Sus vocaciones son versátiles. Ellos le conceden mucha importancia a la integridad, esforzándose por encontrar un lugar permanente en la vida. Creer en el éxito, y su capacidad de análisis le dan la coyuntura de afrontar los problemas más complejos sin titubear. Con un poder de convencimiento increíble, funcionan en muchas áreas, ya que siempre tienen como propósito el desarrollo y la transformación.

Su voluntad natural los ayuda a avanzar, y siempre encuentran respaldo y el capital necesario, ya que las otras personas cuentan con su capacidad para transformar ideas en riqueza.

Su principal obstáculo es llevar las cosas al extremo. La ira, y el coraje contenidos afectan absolutamente de forma negativa las energías de este elemento. Estar cerca de los árboles, y tocarlos equilibra el elemento madera.

En el trabajo, los individuos que pertenecen al elemento madera son ordenados, inteligentes e ingeniosos. En las actividades comerciales, son más fructíferos cuando el trabajo es en equipo, y está bien estructurado.

Ninguna área de trabajo relacionada con su elemento es desfavorable, pero las afines con el fuego pueden afectarlo en cierta medida, y las que se relacionan al metal los arruinarán.

Agua

El elemento más insensible y tenebroso, afín a el invierno, la longevidad y el planeta Mercurio, es el regente de la comunicación y de las afectos profundos.

Un individuo del elemento agua es sensible, pero hermético. Es caritativo, sentimental y frágil, odia las críticas y, por esa razón opta por actuar encubierto para resguardarse. Es cordial, elocuente y a la vez prudente, y sabe vencer los contratiempos sin presumir, con astucia, sagacidad y con perseverancia. De esta forma alcanza sus metas, indirecta y silenciosamente, dando la sensación de ser considerado y comprensivo.

Carecer de energías significa un problema para el elemento agua, si no aprende a nivelar su impotencia con la fuerza que procede de la reflexión y de la comunicación con las zonas profundas de su ser. El pánico es siempre el cordón guía de su vida dramática, a menudo vivida en la oscuridad por el temor a mostrarse y luchar.

En el plano profesional se cohíben por la competencia, sin embargo, rinden bien en lugares despejados y resguardados, como las escuelas, librerías, redacciones o cualquier lugar donde la comunicación, oral o escrita, sea el mecanismo primordial, y en compañía de colegas pacíficos que se ajusten a su personalidad, como, por ejemplo, alguien del elemento madera, con quien coincide el deseo de sabiduría, o con el metal, de quien obtiene decisión. Contrariamente no se adapta al elemento fuego, a quienes extingue y desalienta, ni a los individuos que pertenecen al elemento tierra, con quienes se siente limitado, condicionado, y obstaculizado.

El color negro, es el que les favorece, pero deben usarlo con mesura porque tiende a desanimarlos. Lo mismo sucede con los cuarzos oscuros, que atraen la suerte, como el azabache, el Ónix y la turmalina. Para sacar el mejor provecho de sus cualidades, sin llegar a los extremos, y para no dispersarse, la persona del elemento agua debe comenzar sus planes en el invierno.

En los periodos positivos las relaciones amorosas de este elemento trasmiten ternura, ecuanimidad y cautela, potenciales que les facultan conducirse con la sagacidad necesaria para remediar el origen de sus conflictos cuando aparecen.

Tienen una capacidad increíble para razonar, aunque su personalidad reservada, profunda y turbia los lleva a ser propensos a la melancolía. También presentan falta de seguridad y audacia. La creatividad es una de las principales características que representan a este elemento, también la adaptación, dulzura, piedad y simpatía. Sin agua no existieran los seres vivos en la tierra, este elemento es puro y cristalino, cualidades que tienen quienes pertenecen a este elemento.

Las personas que pertenecen a este elemento son afables y tienen un estupendo dominio sobre los demás. Tienen una intuición original, lo que les permite conquistar rápidamente. La resistencia, y la lucidez les da la oportunidad de predecir eventos.

Pueden percibir las facultades de los demás, inspirarlos de forma efectiva, pero son discretos y no dejarán que otros noten que los están utilizando.

Los abusos con el sodio o los alcaloides, y los prototipos de vida que se apartan de los estructuras comunes son muy perjudiciales para las personas nacidas bajo el elemento agua. Respetar las horas de sueño, mantener una salud mental y emocional relajada, y tener contacto con el agua restaura su armonía, y optimizan sus energías.

Los que pertenecen a un signo del elemento agua pueden tener profesiones afines con la madera y el fuego y ser exitosos, tener trabajos que se relacionen con su propio elemento, y declinar las carreras, funciones y trabajos que se relacionan con la tierra, ya que la tierra somete al agua.

Compatibilidad e Incompatibilidad

Son compatibles:

Rata – Dragón – Mono.

Se relacionan a través de sus personalidades que son muy activas y amistosas. Los tres son esforzados, impacientes, apasionados e intranquilos, y siempre tienen en su mente grandes aspiraciones. Están repletos de ideas, tienen la resistencia y el coraje que se requiere para ejecutarlas, aportando siempre soluciones innovadoras, inesperadas, sorprendentes y poderosas.

Tigre – Caballo – Perro.

Están conectados por la satisfacción que sienten cuando interactúan. Los une su pudor, dignidad, honradez y un obstinado altruismo. Perspicaces, astutos y comunicativos, aunque un poco violentos y estrictos, pelean vigorosamente contra las desigualdades, violencias e ilegalidades. Estos tres signos nunca venden su conciencia.

Buey – Serpiente – Gallo.

A estos tres signos los unen su formalidad, sensatez y la seriedad que alcanzan durante en su vida. Enérgicos, emprendedores e incansables, inflexibles en sus resoluciones, les gusta recapacitar y planificar con tranquilidad antes de obtener compromisos que lamentarían después. Su carencia es la frialdad, ya que para ellos la razón debe predominar sobre las emociones.

Conejo -Cabra -Cerdo.

Tres signos emotivos que además los une su creatividad. Instintivos, susceptibles, sensitivos y retraídos, se acomodan fácilmente a su hábitat, y como buenos aprovechados no les importa depender de los demás. Sus afirmaciones diarias siempre llevan implícitas las palabras: perfección, alianza y conformidad.

Nota: *Son enemigos contrarios los signos opuestos:*

Rata -Caballo	*Buey - Cabra*	*Tigre - Mono*
Conejo - Gallo	*Dragón -Perro*	*Serpiente - Cerdo.*

Cabra

Características

La cabra tiene una personalidad melancólica que sale a relucir cuando de verdad ha pasado mucho tiempo soportando en silencio algún tipo de deslealtad. No se queja, tiene problemas para expresar sus emociones y por eso le es difícil saber qué le incomoda. Por esa razón es posible que repentinamente lo muestre exageradamente. Las personas cercanas perciben señales de alerta, cuando algo las ofende.

Es una excelente trabajadora si no la presionan, cuando está bajo presión se bloquea. Se siente insegura con su trabajo si no la animan, o la elogian. No soporta la falsedad, aunque no le hacen bien tampoco las verdades tajantes. A la hora de calificar su trabajo es mejor comenzar con un realce y continuar con una reproche constructivo.

Ocasionalmente las encontramos en puestos de autoridad. Cuando esto sucede, la cabra ha logrado encontrar un balance entre su cavilación y desconfianza.

En el amor es afectuosa, cordial y muy tolerante. Si la aman como es debido puede ser la pareja más estupenda, porque la cabra cuando está feliz lo proyecta a los demás y hace la vida más cómoda a los que la rodean. No obstante, si algo la incómoda lo va guardando para sí y cuando menos te lo imaginas explota una discusión molesta con su pareja.

La cabra es muy apasionada. Tal vez no se da cuenta de cuándo quiere de verdad o cuándo es un antojo. La cabra es muy receptiva a las muestras de afecto y tiene la capacidad de amar a alguien que le dé muestras mínimas de romanticismo.

Ser triste y no manejar sus emociones, es su lado más negativo. Otro de sus defectos es que se le va la mano en los gastos derrochando el dinero como si no fuera de ella.

La Cabra es comprensiva con los demás, no soporta las críticas, sus estados de ánimo son cambiantes y es subjetiva.

La Cabra tiene una suerte fantástica, frecuentemente la gente le regala dinero o le deja una herencia. La Cabra nunca se olvida de los cumpleaños, ni de ninguna otra ocasión especial, porque ella es muy tradicional.

Los reveses la enloquecen de tal forma que es incapaz de vencerlos.

Cuando el tema es la estética la Cabra no te engañará porque tiene un gusto y particularidades finas y elegantes. Pero no olvides que también le encanta gastar mucho y que no es práctica. Si tiene como ascendente un signo como el Dragón, la Serpiente o el Tigre, no es conveniente que haga trabajos que requieran una excesiva responsabilidad.

Cualquier cosa grotesca la desalienta. Es tan sensitiva a la armonía que su ánimo depende de su entorno. La Cabra trabaja mejor en ambientes ventilados y ornamentados con encanto. Necesita tener el apoyo de gente dinámica y honrada.

El Caballo, el Cerdo y el Tigre tienen características alegres que mejorarán el temperamento de la Cabra. También concordará cabalmente con el Conejo, el Mono, el Dragón, el Gallo, la Serpiente, y también con otra Cabra.

Cabras

Cabra de Metal

La Cabra de Metal es ambiciosa, lenta y respeta sus valores. Son un poco testarudas y les da mucho trabajo adaptarse a las circunstancias inesperadas que la vida les pone en el camino sorpresivamente. No obstante, en ocasiones la suerte esta de su lado e inesperadamente ganan dinero en los juegos de azar o especulando. Por supuesto que esto las hace confiadas y arriesgadas llevándolas a perder dinero a veces en cantidades sustanciales.

Deben invertir en la bolsa de valores o en bienes raíces porque esa es la mejor forma de proteger su dinero, en caso de que vengan tiempos difíciles.

Esta Cabra es talentosa para los negocios, es ambiciosa y si algo no resulta como ella planificó enseguida busca una solución.

Generalmente la juzgan como soberbia, pero en realidad no lo son. Lo que sucede es que ellas saben que no tiene nada que esconder y si tiene algo auténtico para enseñar, lo hace sin complicaciones.

No son personas que anden con rodeos, son directas y si sienten interés por alguien se lo dejan saber. De ser lo contrario, se expresarán desapegadas y secas. Son transparentes cuando se trata de sus emociones

Cabra de Madera

Las Cabras de Madera son amigables, y tiernas. Tienen la capacidad de valorar una situación desde diferentes ángulos y tomar una decisión apropiada. Invierten mucha energía cuando están enamoradas, y cuando hablan son muy sinceras y directas, es decir son transparentes.

Algunas veces mantienen relaciones superficiales porque temen darles rienda suelta a sus sentimientos. Esto lo hacen por falta de seguridad. Son reservadas con su vida privada, pero son simpáticas y divertidas con otras personas.

Tienen habilidad para resolver los problemas de terceros con una sensatez, que muchas veces le falta en sus propias cuestiones personales. Son encantadoras, metódicas, estudiosas y con una mente muy lógica.

Son capaces de analizar las circunstancias más complejas. No obstante, en ocasiones son tan minuciosos que demoran la ejecución de ideas difíciles. Son capaces de ver todos los ángulos de una situación, por eso les cuesta mucho llegar a conclusiones firmes.

Su interés por que todo sea excelente las lleva a sobresalir. Son buenas en profesiones relacionadas con números. La lógica es su mejor socio.

Cabra de Agua

La Cabra de Agua tiene una personalidad conforme y amable. Son receptivos a los sentimientos ajenos, y responden con mucho tacto al sufrimiento de las demás personas. Son queridos por quienes la rodean porque tienen un carácter simpático, afectuoso y cordial, y además no son una amenaza para los que desean tener puestos de autoridad.

Suelen adaptarse muy fácil a las circunstancias, y no les gusta tomar la iniciativa para resolver ningún problema. Les preocupan más los problemas ajenos que sus propios problemas. La Cabra de Agua tiende a vivir más de forma emocional que, de forma racional, y de forma reflexiva más que de forma mental.

No les gusta sentirse recluidas, y no respetan los convencionalismos. Pero tampoco tienen la suficiente energía y motivación para luchar contra el poder instituido. La mayoría de las veces se aíslan hacia un mundo de fantasías en el que sus potenciales pueden darles beneficios.

Poseen mucho talento artístico. Habitualmente sacrifican su tiempo para dar servicio a alguien que esté necesitado, y esto lo hace muy querida en su entorno. Cuando se enamoran son muy fieles y se entregan a esa persona sin pensarlo. Con ellos el dicho "hasta que las muerte nos separe" es real.

Cabras de Fuego

Las Cabra de Fuego son emprendedoras, y disfrutan mucho al comenzar un proyecto o ser parte de una idea nueva. Ver un proyecto crecer y alcanzar altos niveles es uno de los mayores estímulos que esta Cabra puede experimentar.

Sus habilidades de liderazgo las capacitan para reunir equipos con altos niveles de motivación y alineados con sus metas. Es muy valiente y agresiva, defiende a todas las personas que la rodean. Ella no tiene preferencias, no importa si son amigos, o colegas de trabajo. El que se atreve a dañar una persona que ella estima o quiere, nunca sale intacto.

La Cabra de Fuego se siente muy confortable con los riesgos y lidian super bien con las provocaciones, nunca se sienten amenazadas, ni se rinden en una lucha. A veces, su constancia no es positiva porque cuando tiene las herramientas para triunfar se drenan sus energías y pierden vitalidad.

Algunas de estas Cabras no son ahorrativas y les encanta andar de fiesta y parranda, lo cual la lleva a hacer grandes inversiones económicas porque se compran ropa nueva cada vez que tiene una reunión social.

Cabra de Tierra

La Cabra de Tierra le concede mucha importancia a las tradiciones y a la estabilidad. La obstinación está igualmente arraigada. Son dueñas de la razón, y para estas Cabras es muy difícil ver puntos de vista, a menos que sean iguales a los suyos. Son personas muy exigentes, y con una gran energía emocional.

Esta Cabra también es optimista, y sus ansias de triunfar combinadas con su facultad de luchar, le permite una mayor disposición, disciplina y la realización de sus ideales más transformadores.

En la esfera amorosa, esta Cabra de Tierra está dotada de una habilidad incomparable para comprender a los demás, mostrándose comprensiva y solidaria con el dolor ajeno. Se siente atraída por las personas difíciles o que exigen una cuota extra de trabajo para conquistarlas.

Algunas veces alterna entre momentos de rapidez, con lentitud. Algunas veces cuando está paralizada se transforma en una fuerza destructiva.

Predicciones 2023

Cabra

Este año, tu salud, finanzas, relacionès y el trabajo van a sufrir algunos cambios y también requerirán que sean tu prioridad. Debes meditar y actuar, porque si no haces cambios drásticos se va a afectar tu salud y tu capacidad para tomar decisiones.

El estrés y las influencias negativas en tu entorno pueden afectar negativamente la calidad y el resultado de tu trabajo, por lo que debes prestar mucha atención a tus pensamientos subconscientes, que pueden distorsionarse si enfrentas obstáculos y retrasos para lograr tus objetivos.

En términos de relaciones, evita cualquier sugerencia de terceros. Tendrás éxito si te esfuerzas y mantienes una actitud positiva.

Los que tengan profesiones relacionadas con la espiritualidad se pueden beneficiar de la tecnología. quizás se sientan atraídos a practicar o aprender yoga, y meditación.

Sucederán muchos cambios en tu profesión y en tu hogar. Algunos pueden podrán comprar su propia casa después de haber esperado tanto.

No debes culpar a tu pareja por tus errores, menor trata de pasar tiempo de calidad, es decir sin discutir. Debes darle a tu pareja un poco de espacio durante este año para que puedan pensar en su crecimiento personal.

Tu autoconfianza puede verse afecta y te puedes sentir incapaz de tomar decisiones importantes en el trabajo y en cualquier negociación. Debes mantener una actitud humilde, si quieres conseguir una promoción. Trata de seguir esforzándote y aprendiendo nuevas habilidades y técnicas para mejorar.

No divulgues tus planes o ideas a tus colegas de trabajo antes de su ejecución si quieres tener éxito en los mismos.

Debido a tu ignorancia y comodidad, enfrentarás problemas de salud. De ahí que sea fundamental seguir rutinas saludables y probar ciertas mejoras en tu día a día para que no te influya seriamente. Es muy importante tener un estilo de vida sano que incluya productos orgánicos, y verduras para una buena salud.

Debes también evitar las comidas con mucha sal o condimentadas, las grasas y los picantes ya que esto que pueden ocasionarte problemas digestivos. Evitar el estrés es primordial para que puedas tener buena salud en el 2023. Aprende a respirar, y respira al aire libre, tratando de estar más en contacto con la madre naturaleza. Recuerda todo lo que puedes conseguir cuando tienes un buen estado físico, lo que no es sinónimo de tener un cuerpo fortificado, esas cosas no son semejantes, una buena vitalidad no obligatoriamente precisa de un cuerpo musculoso.

La salud de algún miembro cercano a tu familia también podría verse afectada, puede ser una cirugía o una estancia en un hospital. Debes practicar la meditación y mantener la ecuanimidad para que esto no te afecte grandemente.

Podrás pasar algunos momentos alejado de tu familia, principalmente por motivos laborales, por esa razón es recomendable que sepas aprovechar al máximo los momentos que puedas disfrutar junto ellos. Tus relaciones de amistad serán buenas y saludables, no existirá ningún problema entre ustedes. Tu hogar será un tema importante, por esta razón buscarás la manera de mantener la paz, y la serenidad en tu círculo familiar.

Si te encuentras soltero, en el 2023 es un año ideal para encontrar esa pareja con la que tanto has soñado El amor y el romance van a distinguirse en tu vida y finalmente podrás conocer una pareja ideal que esté lista a establecer un compromiso sincero a tu lado.

Existe posibilidad de que tengas la oportunidad de volver a comenzar una relación con un antiguo amor.

Combinación de los Signos Zodiacales con el Horóscopo Chino

Cuando combinas los horóscopos Orientales y Occidentales, es increíble la conexión que existe y lo certeros que son.

Los horóscopo chino y el occidental son los que más se utilizan. Si tienes la posibilidad de entenderlos profundamente esto te facilitará utilizarlos y tener un enfoque centralizado.

Ambos horóscopos están basados en la posición de las estrellas, pero en el horóscopo chino se utilizan 28 constelaciones, y en el occidental 88. Los dos coinciden en que tienen12 segmentaciones esenciales. El horóscopo chino está fundamentado en 12 animales que gobiernan cada año, y el occidental en 12 signos que rigen cada mes.

El Horóscopo chino se basa en el calendario lunar, y es el horóscopo más viejo que se conoce hasta ahora. Probablemente tu signo zodiacal coincida con tu signo en el horóscopo chino, pero eso no ocurre con frecuencia. Si ese fuera el caso las predicciones serían más certeras.

Existe una equivalencia entre los signos de ambos horóscopos:

Aries/Dragón, Tauro/Serpiente, Géminis/Caballo, Cáncer/ Cabra, Leo / Mono, Virgo/ Gallo, Libra / Perro, Escorpión /

Cerdo, Sagitario / Rata, Capricornio/Buey, Acuario / Tigre, y Piscis / Conejo.

Combinaciones

Cabra

Aries/ Cabra

Esto individuo es fuerte y decidido. Es terco, y no se preocupa mucho por los problemas ajenos. Es ambicioso y persevera para triunfar.

Siempre están activos Las personas de esta combinación, haciendo algo o esperando por algo. Es muy amable y se niega a creer en la malicia humana.

Tauro /Cabra
Estas personas se distinguen por su actitud positiva. De vez en cuando, se alejan para pensar con tranquilidad sobre problemas importantes. No pueden soportar el alboroto, actuar con prudencia y deliberación.

Cualquier conflicto lo resuelven razonando, para evitar pérdidas inútiles. No gastan dinero sin pensarlos dos veces y tienen una inteligencia e intuición bien avanzada.

Géminis/ Cabra

Estas personas son afables y cautivan a otros con su alegría infatigable. Prefieren un ambiente familiar, estar lejos del bullicio y detestan las personas chismosas.

Puedes confiar en ellos porque es una persona honesta, no sabe mentir y engañar. Son inteligentes e intentan alcanzar el triunfo en cualquier proyecto. No son proclives al despilfarro, pero ayudan a sus familiares económicamente y con consejos.

Cáncer/ Cabra
Esta es una persona amable, y complaciente. Siempre evita los conflictos, y es super habilidoso para esconder su descontento. Es vulnerable, pero es muy prudente a pesar de su debilidad mental.

Cuidadosamente protege su espacio personal, su casa es su santuario, y ahí se refugia cuando tiene problemas. Se conoce por su facultad de responder sinceramente, pero con amabilidad.

Leo /Cabra
Estas personas les gusta ser el centro de atención, son dignos de admiración y tienen sabiduría

Cuando trabajan siempre es por obtener una meta bien alta. La sensatez y la perspicacia los ayudan a evitar errores, y en casos de emergencia tiene la capacidad de acudir a estrategias muy sabias. Le gusta el lujo y sabe cómo vivir con elegancia.

Virgo/ Cabra
Esta es una persona muy sensata. Tiene la capacidad de pensar con lógica y es pragmático en los negocios.

Son racionales, pero pueden también ser caprichosas e inestables. Le encanta comentar y dar consejos, y tienen un talento innato para ver cualquier defecto, por eso supervisan al detalle sus acciones y las de sus colegas. Las personas que las rodean alrededor admiran sus esfuerzos, y los tratan respeto. Estos individuos usualmente no tienen enemigos.

Libra/ Cabra

Estas personas son muy sociables y son amables con los demás. Tienen muchos talentos escondidos, pero se inclinan hacia las artes. Le gusta las cosas lujosas, le y estar acompañado de personas elegantes. Trata por todos los medios de mantener un balance razonable, y no caer en la bajeza. Tiene la capacidad de transportar su responsabilidad a los demás. Se adaptan con facilidad a los cambios, y perciben positivamente cualquier transformación.

Escorpio/ Cabra

Estas personas poseen una intuición extraordinaria, distinguen con facilidad las personas falsas y es literalmente imposible mentirles. Son personas leales,

No son mezquinas, tratan de valientes, y, pero simultáneamente tienes dudas y se atormentan por su insolvencia. Con tanta cautela guarda tan cuidadosamente sus secretos que nadie puede penetrar en las profundidades de su alma.

Sagitario/ Cabra

Esta es la persona que siempre está actualizada con lo último del desarrollo. Es perspicaz, y ambicioso con todo lo nuevo. Tiene un pensamiento poco convencional, y en ocasiones sorprende a otros con sus acciones imprevistas.

Eluden diestramente los obstáculos, siempre tienen el Plan B listo, porque su mentalidad sagaz los auxilia en las situaciones difíciles. No les gusta adjudicarse obligaciones extras, y en ocasiones son buenos consejeros.

Capricornio /Cabra

Esta es una mezcla donde la perseverancia es sinónimo de estas personas. Ellos no le tienen miedo a nada, y nunca renuncian, aunque las cosas se pongan serias. Es poco probable que estos individuos decaigan, además de que todo lo planifican y calculan muy detalladamente.

Nunca se siente ofendidos por ninguna crítica y saben cómo endulzar cualquier persona con mal carácter. Defiende la verdad hasta las últimas consecuencias, aunque eso vaya en contra de sus intereses.

Acuario /Cabra

Estas personas están absolutamente centradas en sus sentimientos, Son honestos, Es locuaz, capaz de comunicar sus opiniones a todo el mundo.

Es una persona emocional, que siente la belleza muy ligeramente. En sus planes nunca ha estado dejar entrar a personas extrañas en su vida privada porque es mucho más cómodo para él conservar las buenas relaciones, y no vincularse con todo el mundo. Le fascina compartir con sus familiares. Planifica con sensatez su presupuesto general, no es avaricioso, y no gasta dinero en tonterías.

Piscis /Cabra

Las personas que tienen esta combinación tienen un carácter tranquilo. Aprecian la comodidad, aman su hogar, y están muy conectados a sus familiares. Algunas veces idealizan a sus amistades, esperan entendimiento y ayuda de ellos en momentos duros. No toleran las mentiras y la traición. Tiene un sentido de la justicia enfatizado y terminantemente no aceptan la crueldad. Combinan con éxito los negocios y el placer.

Ritual para comenzar el Nuevo Año Chino 2023

El Año Nuevo Chino debes recibirlo con alegría, música y una espléndida comida familiar. Es un período para festejar, y concentrarse en la suerte y prosperidad para el próximo año. Debes usar ropa nueva porque esto simboliza un nuevo comienzo. Un color resonante, como el rojo, que generalmente representa la armonía, buena suerte y bienestar, es genial para este día. Evita ponerte blanco o negro durante la espera del Año Nuevo, ya que estos son los colores que usualmente las personas visten para los funerales.

Hacer una limpieza para estar preparado para el Año Nuevo Chino, en forma de ritual, es muy beneficioso. Con esta limpieza se intenta alejar los malos espíritus que podrían estar escondidos en las esquinas de la casa. Usualmente las personas cambian los muebles o los mueven de lugar, retocan la pintura de su hogar, reparan lo que esta dañado, y lavan las ventanas con agua abundante.

Ritual de Purificación Energética

Esa misma tarde, antes de que comience el año, debes limpiar tu casa, abrir todas las ventanas para que se ventile, y poner flores blancas y amarillas en todos las áreas comunes de tu hogar. Específicamente en la entrada debes colocar incienso de canela, sándalo, eucalipto o lavanda, o un sahumerio de Palo Santo, Salvia Blanca o Vainilla.

Debes sahumar bien la casa. Sahumar es la acción de crear humo, generalmente usando inciensos, para aromatizar el medio ambiente, y para emplearlo como una instrumento de depuración y limpieza. Su particularidad es que expulsan una fragancia placentera, a la cual se le adjudican propiedades relajantes. Muchas personas usan los sahumerios con el objetivo de cambiar las vibraciones energéticas de su hogar.

Si tienes un sahumerio que vas a pasar por todas la casa, recuerda que debes realizar movimientos circulares hacia la derecha. Si tienes la intención de purificar un área personal, debes comenzar por tu propio cuerpo comenzando por tus pies hasta la cabeza, y después regresar a la parte del corazón, siempre haciendo círculos leves.

Como este es el año del Conejo es recomendable tener un par de conejos de metal o madera en tu hogar, y si tienes la posibilidad, algunos de cristal ya que estos representan el elemento del año: el agua.

Sino tienes esa oportunidad entonces puedes simbolizarlo con imágenes, retratos, o figuras. Considéralo un talismán de la suerte, porque al final el conejo se esfuerza para salvaguardar la prosperidad. Traerá mucha riqueza a tu hogar.

Otra recomendación para el 2023 es que pintes alguna de las paredes de tu hogar de azul celestial. Este color es uno de los colores de la prosperidad para este nuevo año. Mucho cuidado con atiborrar tu casa de azul, nunca debes olvidar que mantener el equilibrio es lo más importante. Si te excedes en el color azul estarás atrayendo desánimo o apatía.

Otra alternativa u opción, es llevarlo contigo, en forma de brazalete, aretes colgantes, péndulos, dormilonas, en un anillo, llavero o un talismán dentro de tu bolsillo, o cartera. Si tienes las dos cosas el conejo y el agua, esto formará una asociación de riqueza, resguardo y buena suerte en tu vida, en tu hogar u oficina. Ten en mente siempre que todo se acompaña de constancia y esfuerzo.

Si puedes comprarte unas plantas como la Albahaca que tiene una gran capacidad de generar abundancia, además de su poder para alejar y trasmutar las malas vibraciones, no te arrepentirás. Tener Jazmín sería otra buena opción, tu hogar estará siempre aromatizado y con buenas vibraciones. Debes tener jazmines frescos en tu casa siempre que tengas la posibilidad, pero lo más vital es que el primer día del año chino estén en cualquier rincón de tu hogar.

La Decoración de tu Hogar de acuerdo con el Feng Shui

El Feng Shu es una filosofía China que examina el entorno, basándose en la teoría del Yin y el Yang, y los Cinco Elementos.

Los expertos han demostrado que zonas de la antigua china eran escogidas regularmente en territorios que están circundados de montañas y tenían un río. Solamente no era porque esas zonas proporcionaban los criterios primordiales para sobrevivir, sino que lo hacían para cumplir con los patrones que establece el Feng Shui.

La idea principal del Feng Shui es lograr el equilibrio entre la humanidad y el Universo. Si existen buenas energías, hay equilibrio, ya que el Feng Shui incide en el destino de cada persona.

A través del estudio del Feng Shui, los seres humanos pueden trabajar en su compatibilidad con la naturaleza, su entorno y sus vidas, para lograr más prosperidad, y salud en la vida.

Teoría de los Cinco Elementos

La teoría de los Cinco Elementos es un componente del Feng Shui. Estos Elementos son importantes para precisar el Feng Shui adecuado en un espacio determinado. Estos elementos son: Fuego, Tierra, Metal, Agua y Madera, y cada uno tiene una particularidad que simboliza aspectos concretos de la vida.

Los Cinco Elementos son la expresión que utiliza el Feng Shui para explicar la estructura de la naturaleza, y estos elementos actúan en conjunto y siempre deben estar equilibrados.

El Feng Shui para los Doce Signos del Horóscopo Chino

Signo de la Rata

El Agua favorece a las personas que nacieron bajo el signo de la Rata, las ayuda a obtener prosperidad. Para obtener abundancia deben poner una pecera con peces dorados en la parte Norte de su oficina.

Signo del Buey

Las personas de este signo lograrán obtener prosperidad si utilizan el elemento Fuego. Para lograrlo deben poner artículos de porcelana o cerámica en sus negocios u oficinas, y en su hogar.

Signo del Tigre

El elemento tierra es el que deben utilizar los individuos que pertenecen al signo del Tigre. Deben agregar algo relevante que simbolice este elemento tierra. Una maceta con una planta, o una flor natural que crezca puede traerle la prosperidad sus vidas.

Signo del Conejo

Para tener suerte y atraer la abundancia, las personas del signo del Conejo requieren un elemento secreto de tierra en sus vidas. Debe esconder un cuarzo de jade o de Citrina en la parte Noreste de su casa u oficina.

Signo del Dragón

El Noroeste es excelente para los que nacieron bajo el signo del Dragón. En esta dirección deben poner una recipiente con agua clara mezclado con un poquito de tierra. Otra opción es colocar una Flores de Loto en un cuenco.

Signo de la Serpiente

La prosperidad llegará a la vida de los individuos que pertenecen al signo de la Serpiente si utilizan objetos de Metal, específicamente el Oro y la Plata, en su hogar u oficinas.

Signo del Caballo

El Noroeste es la posición recomendada para las personas del signo del Caballo para obtener un gran capital. Deben poner un rana de Metal en el Noroeste de su hogar o negocio.

Signo de la Cabra

El Norte es el punto cardinal apropiado para las personas que nacieron bajo el signo de la Cabra. Deben poner una cajita de madera, u otro objeto de madera, en el Norte de sus oficinas u hogar. Si utilizan una cajita de Madera, adentro deben poner un objeto afín a su profesión en la misma. Por ejemplo, un escritor puede colocar un lápiz en la cajita.

Signo del Mono

Para que la prosperidad llegue a la vida de las personas que nacieron bajo el signo del Mono, deben colocar en la parte Oeste de la casa o el negocio, una planta de su tamaño, o más grande, en ese punto cardinal.

Signo del Gallo

La buena suerte llegará a la vida de los que pertenecen al signo del Gallo, si colocan algunas semillas en un vaso, botella o tazón de color rojo oscuro. No deben utilizar nada de Metal.

Signo del Perro

Las personas que pertenecen al signo del Perro deben prescindir los elementos Agua y Tierra en sus vidas. Pueden poner troncos o ramas de plantas en su oficina u hogar, pero no pueden ponerlo en Agua o Tierra.

Signo del Cerdo

Las personas que nacieron bajo el signo del Cerdo requieren el elemento Fuego en sus vidas para traer la buena suerte. Pueden colocar una bandeja de cerámica, u otros artículos hechos de barro en sus casas oficinas. Los artículos de cerámica son pasados por el fuego para su terminación.

Acerca del Autor

Además de sus conocimientos astrológicos, Alina Rubi tiene una educación profesional abundante; posee certificaciones en Sicología, Hipnosis, Reiki, Sanación Bioenergética con Cristales, Sanación Angelical, Interpretación de Sueños y es Instructora Espiritual. Ella posee conocimientos de Gemología, los cuales usa para programar las piedras o minerales y convertirlos en poderosos Amuletos o Talismanes de protección.

Rubi posee un carácter práctico y orientado a los resultados, lo cual le ha permitido tener una visión especial e integradora de varios mundos, facilitándole las soluciones a problemas específicos. Alina escribe los Horóscopos Mensuales para la página de internet de la American Asociation of Astrologers, Ud. puede leerlos en el sitio www.astrologers.com. En este momento escribe semanalmente una columna en el diario El Nuevo Herald sobre temas espirituales, publicada todos los viernes en forma digital y los lunes en el impreso. También tiene un programa y el Horóscopo semanal en el canal de YouTube de este periódico. Su Anuario Astrológico se publica todos los años en el periódico "Diario las Américas", bajo la columna Rubi Astrologa.

Rubi ha escrito varios artículos sobre astrología para la publicación mensual "Today's Astrologer", ha impartido clases de Astrología, Tarot, Lectura de las manos, Sanación con Cristales, y Esoterismo. Tiene un video semanal sobre temas de astrología en el canal de YouTube del Nuevo Herald. Tuvo su propio programa de Astrología trasmitido diariamente a través de Flamingo T.V., ha sido entrevistada por varios programas de T.V. y radio, y todos los años se publica su "Anuario Astrológico" con el horóscopo signo por signo y otros temas místicos interesantes.

Es la autora de los libros "Arroz y Frijoles para el Alma" Parte I, II, y III una compilación de artículos esotéricos, publicada en los idiomas inglés y español, "Dinero para Todos los Bolsillos", "Amor para todos los Corazones", "Salud para Todos los Cuerpos, Anuario Astrológico 2021, Horóscopo 2022, Rituales y Hechizos para el Éxito en el 2022 Hechizos y Secretos, Clases de Astrología, Rituales y Amuletos 2023 y Horóscopo Chino 2023 todos disponibles en siete idiomas.

Tiene su canal de YouTube con temas de psicología, esoterismo y astrología, donde puedes disfrutar de videos sobre las almas gemelas, la rencarnación, el lenguaje corporal, los viajes astrales, el mal de ojo, los hechizos y muchos temas más.

Rubi habla inglés y español perfectamente, combina todos sus talentos y conocimientos en sus lecturas. Actualmente reside en Miami, Florida.

Para más información pueden visitar el website www.esoterismomagia.com

Angeline A. Rubi es la hija de Alina Rubi. Desde niña se interesó en todos los temas esotéricos y practica la astrología y Kabbalah desde los cuatro años. Posee conocimientos del Tarot, Reiki y Gemología. No solo es autora, sino editora de todos los libros publicado por ella y su mamá.

Para más información pueden contactarla por email: rubiediciones29@gmail.com

www.ingramcontent.com/pod-product-compliance
Lightning Source LLC
LaVergne TN
LVHW010502160826
845677LV00012B/2618

* 9 7 9 8 3 7 4 6 7 4 5 2 1 *